AF460640

Mgr PERRAUD
ÉVÊQUE D'AUTUN, CHALON ET MACON
MEMBRE DE L'ACADÉMIE FRANÇAISE

A. DE LAMARTINE

POËTE — L'ORATEUR ET L'HOMME PUBLIC LE CHRÉTIEN.

DISCOURS
PRONONCÉ LE 21 OCTOBRE 1890,
A L'OCCASION DU PREMIER CENTENAIRE DE LA NAISSANCE
DE LAMARTINE, APRÈS LE SERVICE FUNÈBRE
CÉLÉBRÉ POUR LE REPOS DE SON AME DANS L'ÉGLISE
CATHÉDRALE DE SAINT-VINCENT DE MACON.

AUTUN
DEJUSSIEU PÈRE ET FILS, IMPRIMEURS DE L'ÉVÊCHÉ.

RÉCENTES PUBLICATIONS

DE

MGR L'ÉVÊQUE D'AUTUN

M. l'abbé Antoine Genty, vicaire général et ancien archidiacre, mort le 31 janvier 1890.

Jeanne d'Arc, message de Dieu, discours prononcé à Orléans, le 8 mai 1887.

Trois Discours sur sainte Thérèse.

Savoir attendre, ou la Patience chrétienne (Carême 1888).

Le Bienheureux J.-B. de la Salle, trois discours prononcés dans la Cathédrale d'Autun.

Le Mystère de la Croix (Carême 1889).

L'Église et la Liberté, discours prononcé dans la cathédrale de Clermont, le 19 mai 1889.

Instruction pastorale sur le Jubilé et le second Centenaire de la bienheureuse Marguerite-Marie.

ŒUVRES PASTORALES ET ORATOIRES

De Mgr PERRAUD, évêque d'Autun, membre de l'Académie française.

Les quatre premiers volumes sont en vente.

A. DE LAMARTINE

LE POÈTE — L'ORATEUR ET L'HOMME PUBLIC
LE CHRÉTIEN.

—•—

Ô Dieu de mon berceau, sois le Dieu de ma tombe !

Dans une réunion littéraire, j'aimerais à faire admirer ce vers où de si grandes pensées sont exprimées avec tant de concision. J'y trouve résumé tout le mystère de cette destinée humaine que mesure à chacun de nous la course rapide de la naissance à la mort; mais que dominent, pour l'expliquer et l'éclairer, l'idée, le souvenir, la présence du Dieu infiniment sage et bon dans le plan duquel la mort n'est que le douloureux et nécessaire passage de la vie éphémère du temps à la substantielle et persistante immortalité.

Ici, en face des saints autels, sur l'emplacement même de cette ancienne église de Saint-Pierre où, il y a un siècle, la sollicitude de parents chrétiens s'empressait de procurer la grâce inestimable du baptême au petit enfant qui devait à jamais illustrer leur race, je vois dans ces paroles du poète ce qu'il y a mis lui-même : une prière. J'ajoute aussitôt, pour l'instruction du siècle qu'il a rempli de sa gloire, et aussi pour la consolation de la noble femme que la Providence a constituée l'héritière de son nom et la gardienne de son tombeau [1], une prière qui a été exaucée.

Oui, après avoir répandu les plus abondantes bénédictions sur le berceau et sur la jeunesse de cet enfant prédestiné, la religion, — je dis la religion, messieurs, — et non pas simplement une religiosité vague et sentimentale, mais la religion avec ses dogmes précis, ses croyances et ses obligations positives, ses rites mystérieux et sacrés, entoura la vieillesse de ce grand homme, lui donna la force de supporter d'inénarrables épreuves; enfin, le moment venu, lui permit de saluer dans la mort, comme aux jours de son expansive adolescence, le libérateur dont

la main,
Céleste messager, porte un flambeau divin. [2]

Vous pouvez donc être assurés, messieurs, d'avoir bien interprété les intentions les plus

1. Mme la comtesse Valentine de Cessiat-Lamartine, nièce du poète et propriétaire du château de Saint-Point.
2. *L'Immortalité (Premières Méditations)*.

certaines de Lamartine, lorsque vous avez résolu d'ajouter cet épilogue tout religieux, aux solennités littéraires et artistiques célébrées depuis trois jours avec tant d'éclat et une si touchante unanimité, en ce premier centenaire de sa naissance.

Je n'aurai pas de peine d'ailleurs à déterminer le sens précis de cette imposante cérémonie.

Que, dans des fêtes exclusivement profanes et séculières, des hommes ne se croient pas astreints à une scrupuleuse exactitude quand il s'agit de louer leurs héros, cela n'a rien d'étonnant. D'ailleurs, comme ni les auteurs ni les complices de ces exagérations oratoires n'en sont ordinairement les dupes, il ne faut pas soumettre à une critique trop sévère les emphases de leur admiration.

Il n'en saurait être de même pour nous, et nous ne pouvons oublier un seul instant que nous sommes redevables à nos auditeurs de la vérité seule. Or, dit notre vieux patriarche Job : « Quel homme sera justifié, si on le compare avec Dieu ? »[1]

Je n'éprouve pas plus de difficulté, messieurs,

1. Numquid homo Dei comparatione justificabitur ? (Job. IV, 17.)

que je n'ai de mérite à vous tenir cet austère langage. C'est Lamartine lui-même qui vous le fait entendre. Écoutez cette touchante supplication :

> O Père de la nature,
> Source, abime de tout bien,
> Rien à toi ne se mesure,
> Ah! ne te mesure à rien.
> Mets, ô divine clémence,
> Mets ton poids dans la balance,
> Si tu pèses le néant!
> Triomphe, ô vertu suprême,
> En te contemplant toi-même,
> Triomphe en nous pardonnant. [1]

Je suis venu ici pour faire écho, par la prière publique de l'Église, à ces sentiments d'une âme qui, au milieu même de ses faiblesses ou de ses égarements, s'est toujours mise en garde contre le déterminisme brutal dont tant d'hommes abusent aujourd'hui, pour abriter lâchement leurs fautes derrière la fatalité prétendue des instincts et des passions.

Lamartine a prié « la divine clémence de triompher en lui pardonnant ». Cette humble

1. *Harmonies*, l. II : *Pensées des morts*.

attitude, ce langage vraiment chrétien, me dispensent d'énoncer explicitement des réserves sur telle ou telle de ses œuvres dans lesquelles il ne s'est suffisamment souvenu ni du Dieu de son baptême, ni de la religion de sa mère; et plein de confiance pour lui dans l'infinie miséricorde, je puis parler librement des services inappréciables dont la France spiritualiste et chrétienne est redevable au chantre des *Méditations* et des *Harmonies*

Avant de les résumer dans une revue nécessairement sommaire et insuffisante, je dois tenir compte d'une parole de l'Évangile : « Ce que Dieu a uni, a dit notre divin Maître, ne le séparez pas. » [1]

Le grand cœur qui a tant aimé les siens, qui n'a laissé échapper aucune occasion de leur exprimer de la façon la plus délicate son tendre et inaltérable attachement, se plaindrait, j'en suis sûr, si, sous prétexte de l'honorer davantage, je l'isolais du groupe d'âmes auxquelles l'ont rattaché les liens des plus chères affections. Il demeure donc bien entendu que, dans cette pieuse manifestation composée de nos regrets, de nos espérances,

1. S. Matth. XIX, 6.

de nos prières, nous comprenons avec lui tous les membres de sa famille. Toutefois, nous ferons une particulière mention de ce père et de cette mère qui, le 21 octobre 1790, souriaient avec tant de bonheur à leur premier-né. Nous recommanderons encore à Dieu la vaillante compagne qui fut associée à ses triomphes et à ses douleurs. Enfin, nous nommerons cette angélique Julia, plutôt montrée que donnée à la terre, dont l'âme fut reprise pour la vie éternelle sous les splendeurs du ciel d'Orient. Ses virginales dépouilles, rapportées en France, devaient occuper les premières le caveau funèbre de Saint-Point, auquel vous êtes allés porter, hier, messieurs, le tribut de votre religieux souvenir.

N'oublier aujourd'hui aucun des siens, c'est remplir un de ces devoirs de convenance qui se confondent avec la charité. Mais, vis-à-vis de la mère du poète, nous sommes tenus à quelque chose de plus, et je me sens obligé à la saluer ici avec une reconnaissance mêlée de vénération.

Que n'a-t-elle pas fait ? je devrais peut-être dire que n'a-t-elle pas souffert pour élever et pour maintenir à la hauteur du plan providentiel, dont elle avait le pressentiment, cet homme né, non seulement de sa chair et de son sang, mais de sa pensée, de son cœur, de sa foi, de son âme tout entière :

Cette âme, au long regard, à l'héroïque effort. [1]

Oui, en un jour où nous avons l'honneur de représenter ici la France recueillie entre le berceau et la tombe de Lamartine, rendons un particulier hommage à cette femme supérieure. Remercions-la (je laisse parler son fils) « d'avoir épié jour à jour la pensée de cet » enfant pour la tourner vers Dieu, comme » on épie le ruisseau à sa source pour le diri- » ger vers la prairie où l'on veut faire refleu- » rir l'herbe nouvelle. » [2]

Que serait-il devenu, avec son imagination débordante, avec son exquise mais périlleuse sensibilité, s'il avait eu le malheur d'avoir pour mère une femme médiocre et frivole, esclave du monde et de la mode, à religion routinière et superficielle? Heureusement, elle regarda comme le plus impérieux de ses devoirs d'étudier constamment devant Dieu, dans la lumière de son éternelle vérité, la mission dont elle était investie à l'égard du

1. *Harmonies : le Tombeau d'une mère.*

2. *Cours familier de littérature.* 1er entretien, p. 9.

fils auquel elle aurait pu appliquer le mot de saint Augustin sur son Adéodat : « Il avait un génie à faire peur. »[1]

Non, elle ne faillit pas à sa tâche. Semblable à cette mère « véritablement admirable et digne d'être louée par les gens de bien » dont parlent nos saints livres, « cachant sous les plus chaudes effusions de l'amour maternel « un cœur viril[2] », elle imprima profondément dans les âmes de ses enfants le respect, le culte, l'adoration du Dieu dont elle était vraiment pour eux, par la pureté de sa vie, la vivante image.

Voilà pourquoi, à travers les vicissitudes d'une existence très agitée, en dépit de lacunes ou de défaillances regrettables, l'idée de Dieu est demeurée pour Lamartine l'inspiration maîtresse et souverainement directrice dont rien ne l'a pu faire dévier.

Si j'insiste sur ce point, c'est que lui-même ne s'est jamais lassé de revenir, en toute occasion, sur la dette de reconnaissance dont il se sentait redevable envers sa mère. Non seulement il n'a jamais cru l'avoir suffisamment

1. Horrori mihi erat ejus ingenium. (S. Aug. *Conf.*, t. IX, ch. 6.

2. IIe livre des Machabées, VII, 20, 21.

payée ; mais plus les honneurs, le crédit, l'autorité littéraire ou politique s'accumulaient sur sa tête, plus il aimait à en reporter la gloire sur celle, qu'après Dieu, il proclamait avec raison sa seconde et visible Providence.

Parmi les nombreux témoignages de sa piété filiale, il en est un qui m'a paru particulièrement digne d'être mis en relief aujourd'hui, car il s'harmonise très bien avec les hommages décernés depuis trois jours par les voix les plus autorisées de notre pays au génie du poète et de l'orateur.

A l'heure et dans le lieu où nous sommes, n'est-il pas bien touchant de pouvoir relire ce souvenir de sa première enfance consigné par lui dès le début de son *Cours de littérature* :

» Mes premiers respects pour le livre me » vinrent d'où vient toute révélation aux » enfants, de leur mère.

» La mienne avait la piété d'un ange, et » dans son visage, la beauté de ses traits et » la sainteté de ses pensées luttaient ensemble » comme pour s'accomplir l'une par l'autre.

» Or, chaque jour, à certaines heures, je la » voyais prendre sur une tablette un volume » de dévotion qui lui venait de sa mère..... Sa » physionomie changeait tout à coup d'ex» pression ; elle se recueillait; et, devinant je

» ne sais quelle conversation muette avec un » autre que moi, sans qu'elle eût besoin de » me faire un signe, je rentrais dans le silence » et je respectais sa lecture.

» ... Je compris ainsi à demi qu'il existait » par ces livres sans cesse feuilletés sous ses » mains pieuses, le matin et le soir, je ne sais » quelle littérature sacrée, par laquelle au » moyen de certaines pages qui contenaient » sans doute des secrets au-dessus de mon » âge, celui qu'on me nommait le bon Dieu » s'entretenait avec les mères, et les mères » s'entretenaient avec le bon Dieu. *Ce fut* » *mon premier sentiment littéraire*; il se » confondit dans ma pensée avec je ne sais » quoi de saint qui respirait sur le front de » la sainte femme quand elle ouvrait ou » qu'elle refermait ces mystérieux volumes. »[1]

Voilà ce que je puis bien appeler dans un mot de notre langue sacrée la *Genèse* de la vocation intellectuelle de Lamartine, et voilà, en même temps, messieurs, l'admirable et nécessaire hiérarchie des communications divines au sein du monde de la famille.

Le père et la mère ne sont pas seulement institués pour coopérer à l'œuvre créatrice

1. *Cours familier de littérature*, 1er entretien.

qui ajoute incessamment de nouveaux anneaux à la longue chaîne des générations. Ils ont encore la très haute et impérative mission d'aller chercher en Dieu, pour les communiquer à ceux qu'ils ont appelés à vivre, la sagesse, la justice, la piété et tout ce qui rend l'homme capable d'atteindre à ses immortelles destinées. D'ailleurs, ce beau nom de parents, si l'on comprend bien la force de son sens étymologique (*parere*), n'exprime-t-il pas ce perpétuel enfantement des âmes qui s'exerce par le ministère sacré de l'éducation ?

Sans doute, les parents ne donnent ni l'intelligence, ni le talent, ni bien moins encore le génie qui viennent de Dieu seul. Mais que ne peuvent-ils pas pour diriger, féconder, développer ces dons précieux et leur faire porter tous les fruits que Dieu et les hommes sont en droit d'attendre ?

A l'époque où l'enfant, entouré de sollicitudes si éclairées, commençait à devenir un homme capable de penser par lui-même et de faire ses débuts dans la carrière où il devait si vite prendre rang parmi les maîtres, la France subissait encore l'influence du siècle précédent. « La philosophie matérialiste, a dit Lamartine dans son beau discours sur les destinées de la poésie, s'était incarnée dans le gouvernement et dans les mœurs, et beaucoup de ceux qui « seuls alors avaient la » parole croyaient avoir desséché pour toujours » dans les autres ce qu'ils étaient parvenus à » flétrir et à tuer en eux, toute la partie mo» rale, divine, mélodieuse de la pensée » humaine. »

Admirablement préparé à ce rôle par les facultés dont il était doué et par l'éducation qu'il avait reçue de sa mère, Lamartine fut une protestation victorieuse contre cette indigne trahison de l'intelligence humaine retournant contre celui que notre saint Paul appelle « le Père des esprits[1] » les dons à l'aide desquels elle est appelée à connaître le vrai, à exprimer le beau, à aimer et à faire aimer le bien.

Vous souvient-il, messieurs, d'un bel épisode de la *République* de Cicéron ? Scipion l'Africain apparaît en songe à un de ses descendants. Après lui avoir communiqué ses pensées et ses espérances sur cette puissance romaine qui s'étend au loin par ses conquêtes et s'assimile par sa législation les nations

1. Hebr. xii, 9.

vaincues, il s'élève à des pensées plus universelles et d'une plus haute philosophie. Il décrit la musique merveilleuse faite dans les profondeurs du firmament par les évolutions des astres. Il prétend qu'à force de l'avoir entendue, les hommes n'y prêtent plus aucune attention et se sont rendus incapables d'en jouir.

Il a souvent été donné à Lamartine d'égaler l'idée que lui-même s'était faite de la mission —j'allais presque dire de l'apostolat— dévolue au vrai poète, chargé d'être en ce monde l'écho des voix célestes. Il a défini la poésie, « l'incarnation de ce que l'homme a de plus » intime dans le cœur, de plus divin dans la » pensée, avec ce que la nature a de plus » magnifique dans les images et de plus mé» lodieux dans les sons. »[1]

Il l'a encore appelée « la voix de l'humanité, » pensant et sentant, qui plane sur le bruit » tumultueux et confus des générations et » dure après elles. Cette voix lui a été donnée » par Dieu lui-même et, sortie de lui, elle » remonte à lui. »[2]

1. *Discours sur les destinées de la poésie.*
2. Même discours.

Ailleurs encore, et cette fois dans sa langue favorite, il a dit :

> Élance-toi, mon âme, et d'essor en essor
> Remonte de ce monde aux beautés éternelles,
> Et toujours aspirant à des beautés nouvelles,
> Crie au Seigneur : Encor ! encor ! [1]

Voilà bien la poésie dans la plus compréhensive acception du ministère dont elle est investie au milieu des hommes.

Comme le personnage symbolique mis en scène par Longfellow, le poète est celui qui ne cesse de redire à ses compagnons de voyage l'*Excelsior* des pensées magnanimes et des désirs qu'aucun bien créé ne saurait assouvir. Oui, aux jours de ses meilleures inspirations, Lamartine a été cette voix venue de Dieu pour soulever les âmes, leur donner des ailes et les faire monter jusqu'à l'absolue et vivante Beauté, vengée par lui des affronts que lui avaient infligés l'école sensualiste et ses chétifs versificateurs.

1. *Harmonies : Paysage dans le golfe de Gênes.*

*
* *

Si grande toutefois qu'ait été la mission du poète qui a chanté parmi nous dans une langue, égale à de tels sujets, le Dieu personnel et l'immortalité de l'âme, j'oserais presque dire qu'il s'est élevé plus haut et qu'il a mieux mérité de son pays et de son siècle, lorsqu'il s'est fait, comme homme public, le champion de ces mêmes causes, toujours attaquées, jamais vaincues ; lorsque, porté au pouvoir par les hasards d'une révolution et investi d'une part prépondérante dans le gouvernement de la France, il n'a laissé échapper aucune occasion de proclamer ces vérités essentielles et de montrer en elles le fondement de l'édifice social et la condition nécessaire de toute vraie civilisation.

Je ne me départirai pas, messieurs, de la réserve que mon caractère m'impose et je n'apprécierai ici ni les événements de 1848 ni le rôle politique de Lamartine au milieu de ces événements.

Mais ce qui est au-dessus de toute discussion, ce qui sera éternellement glorieux pour cet homme si brusquement investi d'une sorte de souveraineté résultant moins de sa situation officielle que de la prodigieuse puissance de sa parole, c'est qu'il ne s'est jamais servi de l'une et de l'autre que pour rappeler au peuple les droits de l'éternelle justice, lui inspirer les résolutions les plus généreuses et lui communiquer l'enthousiasme dont il était lui-même rempli. L'enthousiasme! Si jamais ce mot a eu la plénitude de sa très noble signification, c'est bien quand on l'applique aux effets produits par certains discours de Lamartine. — Les âmes ressentaient alors cette commotion sacrée qui les soulève bien au-dessus de la terre et les jette, toutes frémissantes, jusque dans le sein de Dieu.

A cet égard, messieurs, ce centenaire est pour nous d'une très saisissante et secourable opportunité. Il nous permet de rendre la parole à ce mort. Comme aux jours où il dominait le pays de toute la hauteur de son génie et de son immense popularité, il va s'en servir pour protester avec nous contre les doctrines abjectes qui prétendent aujourd'hui s'installer en maîtresses dans la conscience de la France et y étouffer, non seulement la foi au surnaturel chrétien, mais toute notion, toute préoccupation, toute aspiration supérieures aux phénomènes de la matière et aux misérables exigences des sens.

J'ai déjà dit combien, à ses débuts, Lamartine avait souffert de ces théories dégradantes qui s'attaquent « à la partie morale, » divine, mélodieuse de l'âme humaine. »

Quelle douleur n'eût pas ressentie ce grand citoyen et avec quelle indignation éloquente ne l'eût-il pas exprimée s'il avait dû rencontrer sur son chemin les sectaires qui, sous prétexte de progrès scientifique et d'émancipation sociale, travaillent avec tant d'acharnement parmi nous à découronner l'homme de sa triple dignité d'être raisonnable, libre, immortel et se vantent d'avoir laissé bien loin derrière eux leurs précurseurs et maîtres en athéisme !

Au temps même où Lamartine était à la tête du Gouvernement provisoire, un des plus hardis coryphées des négations contemporaines avait condensé toute sa haine contre l'Être suprême dans une formule fameuse : « Dieu, c'est le mal »; à laquelle répondait l'autre formule non moins retentissante dont il entendait faire le principe de la régénération sociale : « La propriété, c'est le vol. »

Ces antithèses tapageuses peuvent un instant exciter la curiosité de la foule et lui procurer de malsaines distractions, mais elles lassent vite le bon sens public. Il prend en dégoût ces sophismes creux et sonores. Il se dit à lui-même, que si Dieu n'était qu'une chimère, il ne provoquerait ni de telles adorations, ni de tels ressentiments. Ces violences de langage trahissent l'effort désespéré de la raison pour se soustraire à l'évidence de la vérité. En définitive, Dieu vit

> Jusque dans la pensée,
> Jusque dans la haine insensée,
> De ses ingrats blasphémateurs. [1]

Aussi, les adeptes de l'athéisme prétendu scientifique, qui, surtout depuis quinze ans, aspire à la direction intellectuelle de la France, ont-ils fait choix d'une méthode singulièrement plus habile et plus redoutable.

Quel est donc leur procédé? Ils passent Dieu sous silence. Jamais, en aucune circonstance, ils ne prononcent son nom. Ils font profession par là de le ranger dans la catégorie du non-être, ce qu'ils estiment être bien autrement décisif que de lancer contre lui des outrages qui seraient une espèce d'aveu implicite de son existence.

Ceux dont je parle écrivent peu de livres, et ils ont pour cela d'autres raisons que le

1. *Harmonies : Hymne au Christ.*

défaut de temps dévoré par les affaires. Mais ils ne laissent échapper aucune occasion de se mettre en contact avec l'opinion publique pour la pénétrer de leurs idées. Il font donc des discours, beaucoup de discours. Or, lisez leur prose, sombre et froide comme un brouillard de décembre, terne et lourde comme le plomb. Jamais vous n'y trouverez l'allusion la plus lointaine à une Cause première de qui relève la vie du monde et vers laquelle l'humanité puisse orienter sa marche, afin de trouver en elle le but suprême de ses mouvements et l'accomplissement final de sa destinée.

Un des scélérats qui, en 1871, préparaient le massacre des otages par les sanguinaires provocations de son journal, avait annoncé résolument que l'heure était venue où l'humanité, enfin émancipée, allait *biffer Dieu*. Cependant le malheureux écrivait encore ce nom auguste, dont on pouvait discerner les lettres sous la rature blasphématoire. Le positivisme actuel n'en laisse plus rien subsister. C'est bien la plus radicale élimination du divin dont fasse mention l'histoire des aberrations humaines. Il faut en convenir, ce silence de mort satisfait d'une manière beaucoup plus logique la haine foncière de Dieu qui semble être la passion maladive de ces tristes et ténébreux personnages.

Grand poète, dans ce cachot où ils se vantent d'avoir enfermé l'âme d'une nation spiritualiste et chrétienne, faites rentrer l'air et la lumière !

Redites-nous, afin qu'à notre tour nous puissions les répéter à cette chère France pour laquelle nous partageons tous vos patriotiques désirs, redites-nous quelques-unes des paroles que vous adressiez aux foules dans les circonstances solennelles où vous saviez si bien leur apprendre à quelles conditions un peuple se montre digne de la liberté politique et capable du progrès social.

Le 19 décembre 1848, la promulgation de la Constitution avait lieu ici, sur la place d'Armes, en face du péristyle de cette cathédrale. Après le préfet et le maire, qui avaient parlé au nom du gouvernement et de la cité, Lamartine se leva. Je ne citerai qu'un fragment de son discours :

« Peuple, Dieu seul est souverain, parce que seul il est créateur, parce que seul il est infaillible, seul juste, seul bon, seul parfait...

. . . .

» Elevons nos pensées aussi haut que Dieu lui-même pour qu'il inspire de plus en plus ce peuple, pour qu'il donne l'ordre spirituel à la terre comme il a donné l'ordre matériel aux astres là-haut.

» Qu'il bénisse la Constitution.

» Qu'elle commence et qu'elle finisse par son nom!

» Qu'elle soit pleine de lui.

» Qu'elle multiplie, qu'elle pacifie, qu'elle sanctifie le peuple français. »[1]

Les applaudissements provoqués par ce magnifique langage duraient encore lorsque les représentants officiels du pouvoir entrèrent dans cette église pour le chant du *Te Deum*. Ce serait le cas de redire ici le mot de Bossuet après la victoire de Rocroi : Mâcon « commença l'action de grâces, toute la France suivit » ; oui, toute la France ; car c'est bien à elle que l'incomparable orateur avait parlé, comme c'est d'elle que je voudrais en ce moment pouvoir me faire entendre.

Un peu plus tard, ce n'était pas l'élu du peuple adressant au peuple une harangue en plein vent du forum, c'était le publiciste qui, au moment de prendre la direction d'un journal, exposait en quelques lignes les prin-

1. *Œuvres complètes : Discours politiques.*

cipes dont il comptait s'inspirer et les idées au service desquelles il entendait mettre l'instrument puissant de la presse quotidienne.

Je dois à un des rares survivants parmi les amis intimes de Lamartine, le vénérable M. Dubois (de Château, près Cluny), la précieuse communication de l'article qui parut en tête du journal *le Pays*, au mois d'avril 1851. J'en extrais les lignes suivantes. Elles méritent bien l'honneur d'être lues tout haut, sous les voûtes de ce temple :

« Toute civilisation qui ne vient pas de l'idée de Dieu est fausse.

» Toute civilisation qui n'aboutit pas à l'idée de Dieu est courte.

» Toute civilisation qui n'est pas pénétrée de l'idée de Dieu est froide et vide. La dernière expression d'une civilisation parfaite, c'est Dieu mieux vu, mieux adoré, mieux servi par les hommes.

» La pensée n'a été donnée à l'homme que pour chercher. Que cherche-t-elle ? Un morceau de pain sur la terre? Non. C'est son Dieu qu'elle cherche dans l'infini. Et quand elle l'a trouvé, que fait-elle ? Elle croit, elle adore, elle prie.

» La prière est le dernier mot et le dernier » acte de toute civilisation vraie. »

Messieurs, je vous le demande, joignez vos vœux aux miens pour que ces paroles retentissent dans toutes les consciences françaises et leur communiquent la force de secouer le joug ignominieux du positivisme athée qui, s'il lui était donné de triompher, nous déshonorerait à jamais devant l'assemblée des nations.

*
* *

Enfin, je dois monter plus haut encore dans ces continuelles ascensions dont Lamartine nous disait tout à l'heure qu'elles étaient la loi de la poésie.

Ici toutefois se présente un problème redoutable. Je n'ai nulle envie de l'éluder.

Ce Dieu, dont le nom est revenu si souvent sur ses lèvres ou sous sa plume, n'est-il pas uniquement le Dieu de la raison naturelle ; et nous, disciples de l'Évangile, pouvons-nous, sans faire violence à la vérité, compter Lamartine parmi les nôtres ?

Nous ne pouvons pas le nier. Il y a eu dans l'histoire de son âme des crises, trop longues, hélas ! durant lesquelles les croyances positives de son enfance ont cédé la place à une religion philosophique et de pur sentiment. Ces éclipses de la foi de son baptême nous inspirent de profonds regrets. Mais il serait inexact et injuste de s'en prévaloir pour ranger Lamartine parmi les conquêtes définitives du rationalisme et de la libre pensée.

Glorifier dans son essence et dans ses attributs l'être qui est le principe de la vie universelle et se prosterner humblement devant le Dieu fait homme pour l'adorer, n'implique aucune contradiction. Le symbole de Nicée débute par cette déclaration solennelle : « Je crois en Dieu le Père tout-puis- » sant, créateur du ciel et de la terre, des » choses qui se voient et de celles qui ne se » voient pas. » Le même saint Paul, qui a proclamé si énergiquement la divinité de Jésus-Christ, a célébré dans un langage plein de poésie les grandeurs du Dieu de la nature, tout à la fois caché et manifesté sous le voile transparent des beautés du monde visible[1]. Ailleurs encore, tout ému de l'inscription qu'il venait de lire sur un autel dressé au milieu d'une des places d'Athènes, il rappelait aux membres de l'Aréopage, descendants abâtardis d'Aristote et de Platon, que ce

1. *Épître aux Romains*, ch. I, 19, 20.

« Dieu inconnu est celui en qui nous avons l'être, le mouvement et la vie » et avec lequel chacun de nous est en un mystérieux et perpétuel contact. [1]

Oui certes, Lamartine a souvent chanté, proclamé, exalté le Dieu du monde de la nature. Mais s'il a eu le malheur de n'avoir pas toujours été fidèle au Dieu des chrétiens, il n'a pas commis la faute irréparable de finir sa carrière terrestre en le reniant. Loin de là.

Vous rappellerai-je la pièce classique du *Crucifix* et la prière qui la termine ? Le poète a pleuré sur les pieds de Jésus crucifié. Il s'est exercé à bien mourir en méditant sur la mort du Juste volontairement immolé pour le salut des hommes. Et il s'écrie :

Au nom de cette mort, que ma faiblesse obtienne
De rendre sur ton sein ce douloureux soupir !
Quand mon heure viendra, souviens-toi de la tienne,
O toi qui sais mourir !

Lamartine est mort sous la bénédiction du prêtre [2] qui lui présentait le crucifix, et il a

1. *Actes des Apôtres*, XVII.

2. M. Deguerry, curé de la Madeleine, fusillé le 24 mai 1871 à la Roquette, en compagnie de Mgr Darboy, archevêque de Paris.

reçu le miséricordieux pardon qui lui était offert. Un de ses amis, dont le nom mérite bien d'être prononcé tout haut dans cette solennité, Victor de Laprade, a pu dire : « Lamartine est mort, Lamartine a été enseveli dans le Christ. »[1]

Mais l'esprit critique de notre temps tiendrait-il pour suspects les sentiments exprimés dans le langage lyrique de la poésie? Lamartine a été lui-même au devant de cette objection. « Si mes vers laissent des doutes, a-t-il dit, je m'explique en prose. » Ecoutez cette page :

« Le christianisme a été la vie intellectuelle du monde depuis dix-huit cents ans et l'homme n'a pas découvert jusqu'ici une vérité morale ou une vertu qui ne fussent contenues en germe dans les paroles évangéliques.

» J'ai été élevé dans son sein. J'ai été formé de sa substance. Il me serait aussi impossible de m'en dépouiller que de me dépouiller de mon individualité. Et si je le pouvais, je ne le voudrais pas, car le peu de bien qui est en moi vient de lui et non de moi. »[2]

D'ailleurs, pour revenir à mon point de

1. *Correspondant* du 10 mars 1869.
2. *Œuvres complètes*, t. XVI.

départ et à la prière que j'ai empruntée à Lamartine lui-même :

O Dieu de mon berceau, sois le Dieu de ma tombe !

vous savez d'où elle est tirée : de l'*Hymne au Christ*.

Non, je l'affirme, ce n'est pas au Dieu de la pure raison que Lamartine a voulu remettre ses meilleures espérances pour les destinées de son âme immortelle. Il a formellement entendu dormir son dernier sommeil au pied de la Croix du divin Rédempteur, et puisque c'est par le sang répandu sur cette croix que nous avons imploré pour cette âme, suivant le langage touchant de la liturgie de l'Eglise, « le rafraîchissement, la lumière et la paix », je veux finir en répétant devant cet autel, en présence de ce catafalque, un fragment de cette sublime invocation :

Verbe incréé, source féconde
De justice et de liberté,
Parole qui guéris le monde,
Rayon vivant de vérité,

....

Règne à jamais, ô Christ, sur la raison humaine
Et de l'homme à son Dieu sois la vivante chaîne,
Illumine sans fin de tes feux éclatants
Les siècles endormis dans le berceau des temps.

Puisse cette prière, qui a jailli d'une inspiration absolument chrétienne, redevenir la prière universelle de notre chère France! Car, pour reprendre une pensée de Lamartine et compléter une citation qu'à dessein j'ai laissée tout à l'heure inachevée, après avoir dit que « la prière est le dernier mot et le dernier acte de toute civilisation vraie », il ajoute, et en présence de l'auditoire qui m'écoute j'estime que cette admirable parole n'a pas besoin d'être commentée : « La plus belle attitude de l'homme libre, c'est d'être debout devant son semblable ; la plus belle attitude de l'humanité, c'est d'être agenouillée devant Dieu. »

Autun. — Dejussieu, Imp. de l'Évêché.

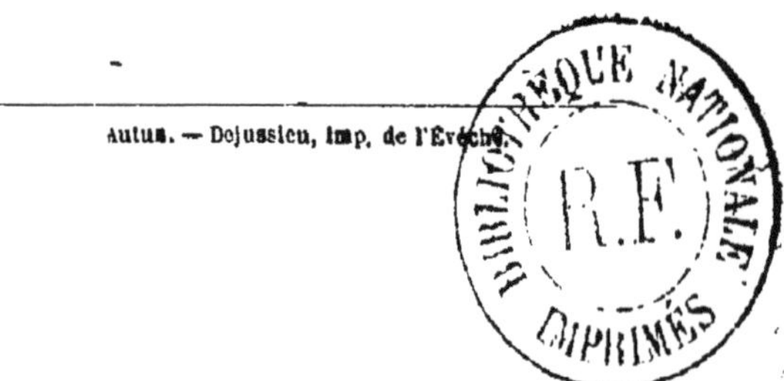

www.ingramcontent.com/pod-product-compliance
Ingram Content Group UK Ltd.
Pitfield, Milton Keynes, MK11 3LW, UK
UKHW020220180726
13838UKWH00005B/2110

9 782329 332338